岡 観妙 写真集

懐かしのわが街上越

岡 観妙

発刊に寄せて

高田文化協会会長　藤林　陽三

上越市の旧高田地区を中心とした〝懐かしのわが街　上越〟という、ふるさと写真集ができた。世には多くの写真集があるが、ふるさとを題材にした写真集を見るにつけ、面白いことに気付く。

特に本冊子のような、ごく限られた地域を題材とした場合であるが、掲載されている写真には、私の記憶に残っている建物やよく歩いた道もある。面白いこととは、訪ねたこともない街角はいつも見た街角であり、会ったこともない人々は、会ったことがあるはずの人々のように思われる感覚である。これを既視感というのであろうか。

行ったこともない街角、会ったこともない人々への既視感は多分、母の目を介してみた胎児であったときの私の記憶。ふるさとの写真は、そこに永く住む人々にとってすべて見たことのある風景であり、すでに会ったことのある人々である。生まれた直後に母の胸に抱かれていた夢をみるのは、きっと幼い時の母がみた母の夢。母の目は私の記憶。私が見たと思うふるさとの風景は、きっと母が見た風景なのだろう。

ふるさとには面白いことに、このような既視感がある。この写真集を見て、それを確かめてみていただければと思う。

もくじ

街の風景

「人は右側、車馬は左側」の横断幕がかかる本町３丁目（昭和25年11月）

本町３丁目から４丁目を望む（昭和25年ころ）

果物や雑貨、お菓子を売る紅屋商店（昭和26年２月）

雪で道路が覆われた本町５丁目（昭和26年３月）

自動車も少なく、「歩行者天国」のような本町５丁目（昭和26年９月２日）

写真中央の「いづも屋」がシンボルだった本町通り（昭和20年代）

人影もまばらな本町１丁目（昭和27年１月15日）

祝日だったのか、国旗を掲げた店が続く本町４丁目商店街（昭和27年11月10日）

本町５丁目の「いづも屋」前。道路は未舗装で、歩行者はげた履き（昭和20年代）

旅館、あめ屋が軒を並べる高田駅前通り（昭和20年代）

角巻き姿の女性が歩く雁木風景（昭和27年１月31日）

傘の列がつづく朝の通勤風景。高田駅前通りと思われる（昭和37年５月）

車もまばらな新国道、西城町２丁目。中央の塔は高田カトリック教会（昭和36年６月）

お堀端から望む朝の妙高山（昭和37年８月16日）

東本町上空から直江津方向を望む。道路は国道18号線、写真中央は城北中学校（昭和37年11月１日）

路上駐車で混雑する仲町３丁目（昭和41年１月13日）

本町４丁目商店街が仕立てた、鯨波行きの貸し切りバス（昭和26年７月22日）

バスの車体に「高田本四　三店合同大売出し御招待」と書かれたポスターが張られている（昭和26年７月22日）

頸城鉄道自動車の黒井停留所。左手に鉄道の客車が見える（昭和37年１月16日）

駅前通りの頸城鉄道自動車高田出張所。バスの行き先表示板が下げられている（昭和27年６月３日）

頸城鉄道自動車の山直海線停留所（昭和37年８月）

北陸線に沿って走るバス（昭和30年代）

暮らし

荒川（今の関川）の河原に作られた洗い場で野菜を洗う（昭和25年５月２日）

初売りでにぎわう本町５丁目「いづも屋」前（昭和27年１月１日）

正月飾りの松などを売る大町５丁目の市場（昭和27年１月１日）

お菓子などを売る大町の市場。右側の女性はてんびんを使っている（昭和27年２月９日）

雪残る大町５丁目の市（昭和41年２月）

干し大根が連なる軒下で遊ぶ（昭和30年12月12日）

大町５丁目にあった生活協同組合の店。手渡されているのは粉ミルク缶のようだ（昭和26年12月）

本町５丁目の熊田屋下駄店内。火鉢が置かれている（昭和27年２月10日）

大町５丁目の週刊文化新聞社前（昭和37年11月１日）

高田スキー工業社。スキー製造用の板がうずたかく積まれている（昭和27年11月４日）

大手菓子メーカーのキャンペーンで飾り付けられた菓子店（昭和27年５月17日）

にぎわう本町５丁目「味の品川食堂」店内（昭和37年７月）

テレビが普及する前は、映画が娯楽の王様だった（昭和28年5月12日）

市役所による「口腔衛生週間」キャンペーン。大手町の司令部通り（昭和28年６月４日）

紙風船とチラシをまいて、虫歯予防をアピール。稲田町内か（昭和28年６月４日）

市役所衛生班が、消毒用の薬剤散布で各戸を巡回した（昭和28年６月３日）

腸チフスの予防接種。小学校を会場に、何回かにわたって行われた（昭和28年６月21日）

佐渡旅行。直江津港から「こしぢ丸」で出発（昭和28年７月２日）

直江津港を離岸する「こしぢ丸」（昭和28年７月２日）

佐渡旅行を終え、お土産を手に帰路のバスに乗り込む。直江津港前（昭和28年７月４日）

棺をそりに乗せて火葬場まで運ぶ。牧村（昭和28年１月）

長い冬が終わって、暖かい日差しの中で農作業が始まった（昭和25年５月２日）

山には雪が残るが、水ぬるむ季節となった（昭和27年４月29日）

トラクターなどない時代、農作業は重労働だった（昭和28年４月26日）

実りの秋を迎えた農家の庭先でのスナップ（昭和37年10月）

子守をしながら田のあぜで遊ぶ新町の子どもたち（昭和25年10月21日）

子どもたち

大手町小学校の運動会（昭和22年６月27日）

大手町小学校の運動会（昭和25年５月30日）

校庭で元気いっぱいに遊ぶ（昭和20年代）

1年生の郷津行き遠足。高田駅前（昭和25年5月22日）

1 年生の遠足、郷津で遊ぶ（昭和25年 5 月22日）

寺町３丁目の子ども会が、夏休みの臨海学校で谷浜に出掛けた（昭和27年７月27日）

綿あめ売り。お年玉を握りしめて子どもたちが集まる（昭和27年1月3日）

スキー遊び。大町１丁目春尾橋付近（昭和28年１月16日）

紙芝居。夏休みのころか（昭和20年代）

雪上のままごと遊び（昭和28年２月27日）

だるま売りを囲む（昭和28年３月28日）

赤ちゃんのお守りは子どもの仕事。春日村（昭和28年４月26日）

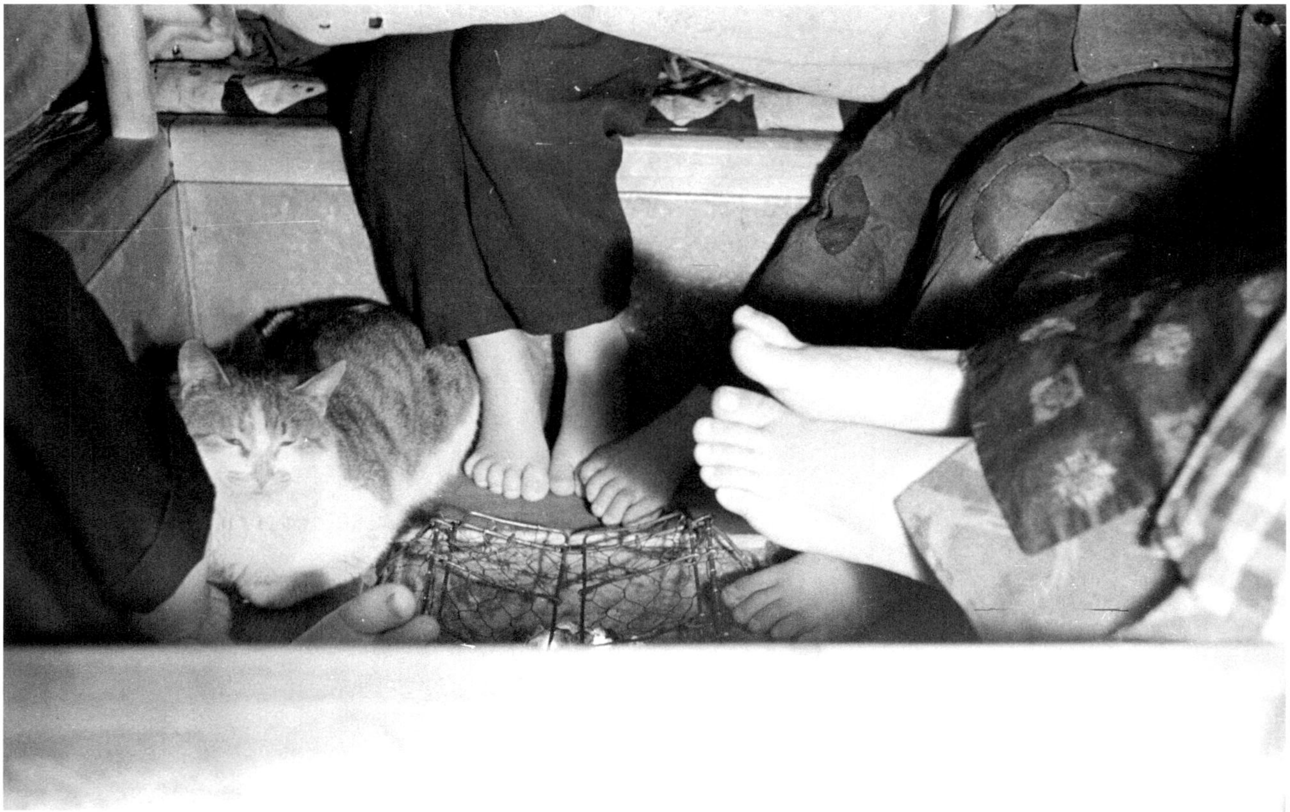

猫も一緒に炭火のこたつ（昭和28年２月20日）

新潟大学高田分校前で（昭和28年５月３日）

出来事

駅前通りを行く森永製菓の宣伝カー（昭和27年６月３日）

小学校を巡回した「森永動物楽団」（昭和28年５月12日）

高田市役所で開かれていた健康優良児の表彰会（昭和27年５月）

女性化粧品の宣伝カーに群がる人たち（昭和27年７月１日）

物珍しさに目を見張る子どもたち（昭和27年７月１日）

化粧品のキャンペーンガールを囲んで（昭和27年７月１日）

松本の警察予備隊（自衛隊の前身）が高田に駐屯、高田駅前通りを行進した（昭和28年３月28日）

消防連合の合同演習。本町３丁目の高田市役所前（昭和28年９月７日）

消防連合の合同演習（昭和28年９月７日）

自衛隊107施設大隊の高田駐屯時の市内行進。本町６丁目（昭和37年８月21日）

祭り

砂利道を行く大町５丁目の祇園屋台（昭和20年代）

大町まつりで、象をかたどった山車を引く子どもたち（昭和20年代）

大町まつり（昭和20年代）

高田市制40周年記念祭り（昭和26年９月２日）

高田市制40周年記念祭りで、牛が引く大町５丁目の山車（昭和26年９月２日）

高田市制40周年記念祭り（昭和26年９月２日）

高田市制40周年記念祭り、本町５丁目（昭和26年９月３日）

高田商工まつり。中央はクジラを模した魚市場の山車（昭和27年８月７日）

高田商工まつり。開会イベントか（昭和27年８月７日）

本町通りを埋め尽くす高田商工まつりの行列（昭和27年８月８日）

高田商工まつり。馬が引く「いづも屋百貨店」の山車、本町通り（昭和27年８月８日）

高田まつりで踊りを披露する鮫城会の人たち（昭和37年７月23日）

雪の街

西城町３丁目、金子文具店付近（昭和26年２月）

除雪車に続いて通学。突き当たりは国鉄の六華寮、本町３丁目（昭和27年２月）

寒修行で夜の街を歩く（昭和28年２月）

仲町２丁目か３丁目辺り（昭和28年２月）

大町小学校での雪の芸術づくり（昭和28年２月15日）

一生懸命な青年に比べて、子どもたちはのんびり（昭和28年２月）

どんなに大雪でも、雁木なら大丈夫。大町通り（昭和37年１月）

仲町３丁目「宇喜世」付近（昭和37年１月）

仲町３丁目「鳥よし」付近（昭和37年２月25日）

吹雪の直江津の街、リヤカーは焼き芋屋であろうか（昭和41年１月21日）

仲町５丁目、手前は駅前通り（昭和41年１月26日）

除雪の様子を見守る（昭和41年１月26日）

本町５丁目付近（昭和41年１月31日）

吹雪の中、犬もそりを引く。寺町３丁目、日枝神社付近（昭和41年２月５日）

高田駅前にて（昭和41年２月５日）

高田公園付近でつくられた雪の芸術（昭和41年２月13日）

桜

お花見のときには、堀端に多くの食堂が立ち並んだ（昭和28年４月17日）

桜まつりの夜に打ち上げられた花火（昭和28年４月17日）

「父観妙と写真との出合い」

―あとがきに代えて―

長遠寺住職　岡　観　浄

父の存命中、写真そのものについての話は、ほとんど聞いておりません。ですので、表題から少しそれるかもしれませんが、その周辺について思い出すままに書いてみます。

母の思い出

「結婚したときには、既に当時十円のカメラを持っていた。若いころ機会いじりが好きで、汽車の運転士など機械にかかわる仕事に就きたかった」と父は母に話していたそうです。カメラに興味を持ったのは、その辺が動機になったのでしょうか。

カメラ

父は、お経本や念珠とともに常にカメラを持ち歩いていました。既製の革のケースは使わず、柔らかな厚めの布でできた特製の袋にカメラを入れていました。カメラ本体は、光って目立たぬように黒のテープをぐるぐる貼り付けていました。

暗　室

初めのころは、半畳の押し入れを改造して暗室に使っていましたが、後に六畳に広がりました。目張りをして真っ暗になった部屋には、引き伸ばし機が二台据えられ、ツンと鼻を突く薬品のにおいの中、赤豆電球の下で父はいつも鼻歌交じりで楽しそうに作業をしていました。

天井には、古い扇風機をベニヤ板で囲った手作りの換気扇が備え付けられ、入室すると自動的に回る仕組みになっていました。

朝　市

あるとき、朝市の様子を撮影中に、カメラを取り上げられたことがありました。知人を介して、ようやく取り戻しましたが、フィルムは駄目でした。撮った相手が悪かったようです。

火　事

昼火事が発生すると、檀家回りもそこそこに、いの一番に現場に駆けつけてパチリ。法事のお経の後は、頼まれてしばしば記念写真屋さんに早変わりです。旅行では、ほかの人より常に先回りしてスナップを撮りまくっていました。

濱谷浩氏

『高田市史』に「戦時中、疎開をしていた写真家濱谷浩氏を顧問に、昭和二十年十二月『高田写真サロン』が組織され、年々写真展を開いていた」と書かれています。当時の会員は二十名で、毎月当長遠寺を会場に作品を持ち寄り、鑑賞会が開催されていました。濱谷浩氏との出会いは父にとって、衝撃的な出来事であったと思われます。

地元の方々と

各コンクールにたびたび応募しては、たまに賞を頂いたりしていました。そうしたことから、「サン写真新聞」の地方カメラマンを委嘱され、頸城鉄道自動車さんの社報取材や、週刊文化新聞社さんからも頼まれて写真を掲載させていただいたようです。

スタートカメラ

私が小学生のころ、父はオリンパスの「スタートカメラ」（五百円）を買ってくれました。しばらくは物珍しさも手伝って、パチリパチリとやっていましたが、次第に遠ざかりました。父は何も言いませんでしたが、たぶん寂しかったのだろうなあ、と思い出しております。

二〇〇八年九月　　（新潟県上越市）

【著者紹介】

岡　観妙（おか　かんみょう）

1907年　日蓮宗僧侶・岡観亮の長男として福岡市に生まれる。
1923年　博多「妙典寺」にて修行、傍ら修猷館中学校に学ぶ。のち東京上野「徳大寺」にて修行。
1934年　立正大学文学部卒業。旧高田市の日蓮宗「長遠寺」住職となり、松本芳野と結婚。
1944年　満州に従軍し、翌年復員。戦後、趣味でカメラを始め、膨大な写真を残す。
1990年　新潟県上越市にて死去、83歳。

◆編集協力◆

上越市

高田文化協会
杉みき子　市川信夫　村山和夫　吉越泰雄　河村一美
＊
岡　観浄

岡　観妙 写真集 **懐《なつ》かしのわが街《まち》　上越《じょうえつ》**

2008（平成20）年10月１日　初版第１刷　発行

著　者――岡　観妙
発行者――徳永　健一
発行所――新潟日報事業社
〒951-8131　新潟市中央区白山浦2-645-54
TEL 025-233-2100　FAX 025-230-1833
印　刷――新高速印刷株式会社

ISBN978-4-86132-303-4
＊定価はカバーに表示してあります。
＊落丁本・乱丁本はお取り替えいたします。